27 avril 1852.

CATALOGUE

D'UNE BELLE COLLECTION

DE

TABLEAUX

DES ÉCOLES

ITALIENNE, FLAMANDE, HOLLANDAISE ET FRANÇAISE

DONT LA VENTE AURA LIEU

Le Mardi 27 Avril 1852, à une heure,

HOTEL DES VENTES

RUE DES JEUNEURS, 42

SALLE N° 1

Par le ministère de Me RIDEL, Commissaire-Priseur
n° 335, rue Saint-Honoré

Assisté de M. SIMONET, Expert de la Compagnie des Commissaires-Priseurs
n° 11, rue d'Argenteuil.

Exposition publique
Le Dimanche 25 et le Lundi 26 Avril 1852, de midi à 4 heures.

Exemplaire de Beurdeley père

PARIS
IMPRIMERIE DE GUIRAUDET ET JOUAUST
RUE SAINT-HONORÉ, 338

1852

CE CATALOGUE SE TROUVE

Chez MM.

Paris.........	Ridel et Simonet.
Lille.........	Tencé.
Lyon.........	Odier.
Marseille.....	Tassy.
Montpellier....	Roger.
Toulouse......	Lanard.

ANGLETERRE.

Londres......	Schmih, Mawson et Farer.

BELGIQUE.

Anvers........	Van Regmorter.
Bruxelles.....	Heris et Etienne Leroy.
Liége.........	Horn.

HOLLANDE.

Amsterdam.....	De Lélie.
Rotterdam.....	Lam.

ALLEMAGNE.

Vienne........	Artaria et Compagnie.
Berlin........	Reimer.

SUISSE.

Berne.........	Lami fils.

ITALIE.

Turin.........	Boucheron.
Milan.........	Vallardi.

OBSERVATION.

Ayant reçu plusieurs notes descriptives pour quelques tableaux qui n'étaient point arrivés au moment de mettre le Catalogue sous presse, nous ferons les rectifications, s'il y a lieu, lors de la mise sur table.

Conditions de la Vente :
Il sera perçu cinq pour cent en sus de l'adjudication.

ABRÉVIATIONS EMPLOYÉES DANS CE CATALOGUE :

T. Toile.	h. hauteur.	cent. centimètres.
B. Bois.	l. largeur.	mil. millimètres.
C. Cuivre.	m. mètre.	

DÉSIGNATION DES TABLEAUX.

Écoles Italienne et Espagnole.

ALEXANDRO DELPIAZA (*Pinxit Roma* 1712).

1. L'entrée triomphale de Charles VI, empereur d'Allemagne, à Rome, en 1711.

L'empereur Charles VI, le dernier de l'ancienne maison de Hapsbourg, est reçu en triomphe au Capitole par le pape Clément II en 1711-12.

Ce grand tableau historique offre des détails multipliés très curieux; il convient à un grand Musée, comme à la maison d'Autriche.

2 m. 85 cent. sur 1 m. 60 cent.

ALBANE (Attribué à).

2. Les Amours forgerons chez Vulcain.

Ce tableau est gravé.   T.

GENTILESCHI.

3. Suzanne au bain, surprise par les vieillards.

Un sentiment d'effroi et de pudeur se peint sur la figure de la belle Juive, qui cherche à éviter les regards de ses séducteurs.
    T.

GESSI (Francesco).

4. Notre-Seigneur au jardin des Oliviers.

Le Christ, agenouillé, ayant le regard tourné vers son père, et les mains dans l'attitude de la prière, reçoit le calice d'amertume que lui présente un ange portant la croix; d'autres anges, sur des nuages, assistent à cette scène et tiennent dans leurs mains les instruments de la Passion.

Francesco Gessi suivit l'école du Guide, et imita parfaitement sa manière; son maître l'employait dans ses grands ouvrages.

T.

GIORGION (Attribué à).

5. L'Adoration des Mages.

Panneau épais.

GUERCHIN.

6. La fille d'Hérodias portant à sa mère la tête de saint Jean-Baptiste. T.

MURILLO.

7. Portrait d'un moine. T.

PARMESAN.

8. L'Amour tenant une lyre.

Panneau épais.

RIBERA (Dit l'Espagnolet).

9. Une Sybille coiffée d'une draperie.

Cette tête, d'un coloris vigoureux, d'un effet piquant, a quelque chose de noble et de fier que l'on aime à trouver dans une étude que le peintre fait pour satisfaire un caprice de l'imagination.

Collection des dames Dumont de Frainays. T.

SASSO FERRATO.

10. La Sainte-Vierge.

Elle est vue en buste et semble plongée dans de saintes pensées. Cette charmante figure respire une grâce douce, aimable, qui plaît et qui intéresse.   **T.**

Provenant de la collection Turner, banquier de Londres.

SOLIMÈNE.

11. Petit tableau allégorique représentant la Richesse.

SOLIMÈNE.

12. L'Ambition.

Sujet allégorique.

TINTORET.

13. Portrait de l'archiduc Ferdinand, comte du Tyrol, neveu de Charles-Quint.   **T.**

TINTORET (Attribué à).

14. La Présentation au Temple.

Belle composition de plus de 18 figures, sur bois d'Italie.

ZURBARAN.

15. L'Apparition de saint Michel à l'évêque de Siponte en 1118.

Sujet tiré du bréviaire romain.

En 1118, près la ville de Siponte, en Italie, un taureau furieux, échappé du mont Gargano, s'était réfugié dans une grotte profonde, d'où il répandait aux environs la terreur et l'effroi ; un archer lui décoche une flèche qui revient frapper celui qui l'avait lancée ; surpris de cette merveille, l'évêque se dirige processionnellement vers cette grotte ; l'archange Saint-Michel lui apparaît et lui dit : « Ce

lieu est confié à ma garde et doit être consacré aux saints anges. »
Aussitôt l'ange disparait, et le taureau perd sa fureur. Une église
fut bâtie à la place de la grotte. On fête cette apparition dans l'église romaine le 8 mai.

1 m. 4 cent. sur 1 m. 59 cent.

Écoles flamande et hollandaise.

ANGUS (M. WILLIAM), d'Anvers.

16. Le Chasseur endormi.

A la porte d'un cabaret hollandais, orné d'une treille, à l'ombre de laquelle un chasseur attablé s'est endormi. On voit le maître du logis, accompagné d'un habitué placé dans une salle contiguë dont la fenêtre est ouverte, chercher, en avançant le bras, à enlever un jambon resté sur la table; ils rient d'avance à l'idée de la mine du dormeur à son réveil. Dans la salle d'entrée un autre chasseur cause avec l'hôtesse.

Tableau bien peint, bien composé, et dont l'auteur s'est inspiré de Pierre de Hoog, pour la couleur et l'effet.   **B.**

BACKUISEN.

17. Marine.

Plusieurs barques et bâtiments, poussés par une forte brise, voguent sur une mer agitée.   **T.**

BEGA (CORNEILLE).

18. La Marchande de liqueurs.

Un honnête savetier et son compagnon, accoudés au comptoir de la marchande, discutent le mérite de l'élixir qu'ils se font servir.

Sur la droite du tableau un joyeux compère vient d'offrir à une jeune femme un verre de douce liqueur, et se permet la fine allusion.

Ce tableau est d'une transparence rare chez Bega.
B. l. 29 cent., h. 36 cent.

Provenant de la collection de M. Vaserot. Sous le n° 43 du catalogue.

BEGA.

19. Intérieur de chambre basse.

Deux femmes assises l'une près de l'autre causent ensemble. Bon tableau, d'une couleur argentine.
T.

BERCHEM (Signé Nicolas).

20. Paysage et animaux.

Deux moutons et deux vaches sont au repos dans une prairie à peu de distance de quelques fortifications. Qualité et conservation parfaites.
B.

Provenant de la collection Turner, banquier de Londres.

BRACKENBURG.

21. Intérieur d'estaminet flamand.

Trois figures.
B.

BRAUWER.

22. Un Pouilleux.

BRIL (Paul).

23. Paysage.

On voit au milieu des fortifications, à mi-côte d'une colline, où des arbres croissent parmi des rochers, plusieurs jolies figures sur différents plans.
B.

BOTH et BAUDWINS.

24. Petit paysage marine, orné de beaucoup de figures.

CLOMP.

25. Animaux au repos près d'une chaumière.

T.

CUYLENBOURG.

26. Sujet tiré d'un conte de Bocace.

Dans l'intérieur d'une vaste grotte et parmi des tombeaux, un berger, gardant un troupeau de moutons et de chèvres, s'entretient avec une jeune femme assise près du tombeau de son époux. Une ouverture pratiquée dans le fond de cette espèce de nécropole laisse voir la campagne.

Ce tableau est de la plus belle qualité.

B.

DECKER.

27. Paysage et figures.

B.

DIETRICK (Signé Christian-Wilhem).

28. La Présentation au temple.

Composition de plus de 20 figures, de la plus belle qualité de ce maître.

T.

DIETRICK.

29. Querelle d'époux.

Tandis que la femme paraît au désespoir des reproches que lui fait son époux, un domestique cherche à calmer son maître.

B.

DIETRICK.

30. Paysage avec chute d'eau.

T.

DROOGSLOST.

31. Les œuvres de miséricorde.

HOBBEMA (Signé M.).

32. Moulin à eau.

L'on remarque à droite une forêt traversée d'un chemin sur lequel est une femme tenant un enfant par la main. De grands arbres touffus, qui opposent leur sombre branchage à la clarté d'un beau ciel bien nuagé, masquent de ce côté la campagne. A gauche une maison ombragée d'arbres, et une femme qui se dirige vers un moulin dont la roue, mise en mouvement par les eaux, les laisse échapper dans des auges, et forme une espèce de cascade qui contraste agréablement avec le miroir tranquille des eaux du canal, où se reflètent, avec leurs teintes particulières, les arbres, les broussailles, les maisons, et deux enfants qui pêchent à la ligne.

Un coup de soleil frappant sur ces habitations et sur les objets qui les entourent donne à ce paysage un charme tout particulier. Au centre, vers le second plan, près du moulin, s'élève un bouquet d'arbres; plus loin, des plaines verdoyantes, et des montagnes à l'horizon; enfin de gros nuages roulent amoncelés dans l'atmosphère, poussés par un vent violent, qui agite les arbres, et semble animer ce paysage.

T. l. 62 cent, h. 42.

LEDUC.

33. Les Musiciens.

Ils sont dans un appartement, près d'une table sur laquelle on voit les restes d'un déjeuner, à côté des bouteilles et des verres; tandis que la femme accorde son violon, le mari prélude sur la mandoline.

B.

MIRVELT (Michel).

34. Beau portrait de femme.

On croit qu'il représente la belle princesse de Nassau, femme du grand capitaine Maurice de Nassau, prince d'Orange, gouverneur des Pays-Bas.

Collection des dames Dumont de Frainays.

MOL (Pierre Van).

35. Tête de vieillard.

Cet ouvrage se recommande par un style large et une belle exécution.   T.

NETSCHER (Constantin).

36. Intérieur de parc.

Une jeune femme élégamment vêtue tient des fleurs qu'elle met rafraîchir dans le bassin d'une fontaine.   B.

OMMEGANCK (J.-B. 1795).

37. Paysage capital.

Au milieu, sur le premier plan, dans un gras pâturage baigné au loin par une rivière, on aperçoit deux belles vaches couchées sur l'herbe près de diverses plantes sauvages; non loin de là, à droite, est un bouc qui dégage ses cornes des ronces et broussailles dans lesquelles il s'était entravé; plus loin, sur un terrain un peu plus élevé, un groupe de quatre vaches gardées par un pâtre; il est assis à l'ombre de deux arbres dont le branchage épais se détache en vigueur sur un ciel nuageux, et tient d'une main sa houlette et de l'autre un morceau de pain qu'il montre à son chien; derrière lui on voit une masse de rochers couverts en partie d'arbustes qui masquent de ce côté la campagne; à gauche, près d'un tronc d'arbre renversé, se voit un mouton qui bêle; plus loin, au second plan, un berger et son chien gardent un troupeau de vaches, chèvres et moutons. Sur la Meuse sont plusieurs barques de transport; au delà du fleuve les lointains sont des coteaux boisés, parsemés de fabriques et plantations variées.

Ce tableau, l'un des bons ouvrages de l'auteur, est peint d'après nature aux environs des bords de la Meuse; l'heure est prise vers le milieu d'une belle après-midi d'été; tous les animaux sont dans des attitudes belles et variées; il règne une si parfaite entente de lumière, une dégradation de plans si bien observée, une touche si facile et si spirituelle, des formes si élégantes, des détails si bien rendus, qu'il serait bien difficile d'en rencontrer un plus parfait de ce maître.

B. l. 1 m. 18 cent.; h. 78 cent.

D'après les renseignements que nous avons pris et que nous garantissons exacts, ce tableau a été peint par Ommeganck pour M. Engels Dansaert, amateur de Bruxelles, pour faire pendant à un Cuyp.

OSTADE (ISAAC VAN).

38. Paysage avec figures et animaux.

B.

OSTADE (ISAAC VAN).

39. Intérieur rustique.

Tandis que l'homme chante, la femme bat la mesure sur un jambon.

B.

ROTHENAMER.

40. Les Parques.

Cadre sculpté.

T.

RUBENS.

41. Tête de saint, les yeux tournés vers le ciel.

Une belle couleur, un beau sentiment dans l'expression; tout rappelle le peintre inimitable de l'école flamande. On retrouve dans ce tableau toute la largeur du faire de ses compositions capitales et la même puissance de coloris.

B.

Provenant de la collection de Turner, banquier de Londres.

RUBENS (École de).

42. La Vierge et son fils.

Jésus, couché sur un coussin et tout entier à ses ébats enfantins, joue avec sa mère, qui lui présente le sein.

B.

RUYSDAEL (Signé Jacques).

43. Paysage.

A droite, un massif d'arbres bordé par un sentier sur lequel sont un piéton et un homme à cheval qui se dirigent vers un courant d'eau que l'on voit à gauche.

On ne saurait produire plus d'effet avec si peu de moyens pour rendre la nature dans toute sa vérité. Les figures sont de Vouvermans.

B.

Collection Turner de Londres.

RUYSDAEL (Jacques).

44. Marine.

Mer houleuse.   B., forme ovale.

TENIERS (David).

45. La Tentation de saint Antoine.

Il est à genoux devant un crucifix; un vieillard lui présente une femme accompagnée d'une bonne, qui sont suivis de diables mâles et femelles et d'animaux fantastiques.

B.

VAN DYCK (Attribué à).

46. Réunion des peintres flamands les plus célèbres en 1632.

Douze personnages, amis ou élèves de Rubens, dont le peintre a évoqué la 1re femme et la maîtresse, qu'il accompagne lui-même sur la mandoline ; au centre figurent Rubens et sa 2e femme (le chapeau de paille) ; sur les côtés sont les autres peintres, etc.

C'est une belle chose ; le tableau a été restauré.

2 m. 13 cent. sur 1 m. 42 cent.

VAN DYCK (Attribué à).

47. Portrait d'homme.

T.

VELDE (Guillaume vanden).

48. Marine.

Plusieurs barques voguent sur une mer houleuse et suivent des directions différentes. A gauche, sur une jetée, deux matelots causent ensemble.

T.

VAN STRY (Signé).

49. Repos d'animaux.

Un pâtre et une bergère assis sur le gazon causent ensemble tout en gardant quatre vaches dont deux sont couchées sur l'herbe ; un peu plus loin, à gauche, un homme à cheval demande son chemin à un piéton ; les lointains sont montagneux, sous un beau ciel bien nuagé.

B.

VAN TOL.

50. Intérieur, effet de lumière.

Un dentiste, une bougie à la main, examine la bouche d'une dame.

T.

VERDUSSEN.

51. Un bivouac.

WOUVERMANS (Jean).

52. Paysage.

A gauche, sur un monticule traversé d'un chemin, est une femme qui cause avec un homme. Au bas, une rivière que des villageois à pied et à cheval traversent à gué.   T.

ZORG (Henry).

52 bis. Intérieur rustique.

Sur le devant, l'on voit quantité d'ustensiles de cuisine et de ménage, légumes et comestibles divers. Dans le fond à droite sont quatre personnages groupés près d'une cheminée.
    B.

Ecole Française.

BOUCHER (F.).

53. Nymphe nonchalamment étendue sur une draperie.

Elle est nue, ses formes sont belles et bien arrondies, il y a dans toutes les parties de son corps de la mollesse et de l'abandon.
    T. h. 70 cent., l. 1 m. 25 cent.

BOUCHER (F.).

54. Jeune femme endormie sur une draperie.

Pendant du précédent.
    T. h. 70 cent., l. 1 m. 25 cent.

BOURGUIGNON.

55. Choc de cavalerie.

Sur le premier plan, un général donne ses ordres.   C.

BOURGUIGNON.

56. Même sujet, différemment traité.

Ces deux tableaux sont de très belle qualité.   C.

BOILLY.

57. Portrait en pied de Grétry composant dans son cabinet.

CHARDIN.

58. Intérieur de cuisine.

Un panier rempli de pommes est posé sur une table à côté de divers ustensiles de ménage et de cuisine. Au milieu on remarque un chat qui mange de la viande qu'il vient de tirer d'un panier qu'il a renversé sur la table.

Tableau capital de ce maître.   T.

HUET (Charles).

59. La douce résistance.

Un jeune villageois assis sur le gazon à côté de sa bergère la presse tendrement dans ses bras ; près d'eux un chien et des moutons.

T. l. 1.98 cent., h. 1 m. 79 cent.

HUET (C.).

60. La Baigneuse.

Au milieu du paysage, près d'un courant d'eau, on voit une jeune fille en chemise se disposant à se baigner, lorsqu'elle est surprise par son amant, qui se jette à ses pieds. Son chapeau et ses habits sont sur un tertre, près d'une corbeille de fleurs.

T. l. 98 cent., h. 1 m. 79 cent.

Pendant du précédent.

HUET (C.).

61. Paysage pastoral.

Une jeune bergère fait goûter des fruits sauvages à son amant, qui est assis à ses pieds ; près d'eux sont des moutons. A droite, des chaumières sur le bord d'une rivière.

T. l. 1 m. 14 cent., h. 1 m. 69 cent.

HUET (C.).

62. Les amants surpris.

Une charmante jeune fille et son amant assis à l'ombre d'un bouquet d'arbres se livrent à de tendres entretiens ; ils sont surpris par un rustre qui paraît au milieu d'un champ de blé.

T. l. 1 m. 12 cent., h. 1 m. 68 cent.

Pendant du précédent.

HUET (C.).

63. Paysage pastoral.

A droite, près de grands arbres, on voit une gentille bergère, au corsage élégant, à la tournure coquette, debout dans un sentier près d'un tertre sur lequel elle vient de poser son panier ; elle tient une couronne de fleurs, qu'elle offre à son amant, qui joue de la musette assis sur le gazon, près de quelques moutons.

T. l. 1 m. 86 cent., h. 1 m. 78 cent.

HUET (C.).

64. La danse champêtre.

Dans un paysage mystérieux on voit une réunion de jeunes villageois des deux sexes en habit de fêtes.

Les deux jolies figures qui occupent le milieu dansent sur la pelouse en suivant la mesure que leur donne un joueur de flûte assis près de quatre jeunes filles qui prennent plaisir à les regarder.

T. l. 1 m. 28 cent., h. 1 m. 75 cent.

Soit qu'il traite plus particulièrement le paysage ou les figures, les compositions de Huet sont toujours aimables et riantes. Ses paysages sont vrais, lumineux, remplis d'air; ses figures sont toujours spirituelles, ajustées avec un goût et une coquetterie rares, même à cette époque, où il y avait tant de goût pour les compositions pastorales.

LANTARA.

65. Marine; effet d'orage.

Navires et bateaux pêcheurs battus par la tempête. Tableau de beaucoup de mérite.   T.

LENAIN.

66. Les Pèlerins d'Emmaüs.

Jésus, au milieu de ses disciples, implore par ses prières la bénédiction divine.

Cette composition, de neuf figures groupée avec art, offre dans son ensemble un aspect des plus beaux et du plus grand caractère; ajoutons une richesse de couleur et une magie de clair-obscur qu'on admirerait même dans Rembrandt.   B.

PERRIN (Charles-Nicaise).

67. Socrate surprenant Alcibiade entre les bras de la Volupté.

    T.

PERRIN (Charles-Nicaise).

68. La tempête.

Idylle de Gesner.   T.

Charles Perrin était pensionnaire du roi à l'Académie de Rome. Membre de l'Académie de peinture en 1787, et directeur de l'école royale de dessin.

POUSSIN (Nicolas).

69. L'Adoration des bergers.   T.

PRUD'HON.

70. Le choix de l'objet aimé.

Ce tableau provient de la collection de M. Vaserot, sous le n° 98 du Catalogue, où il est décrit de la manière suivante :

« Un jeune homme guidé par l'Amour choisit un cœur innocent » parmi plusieurs autres que lui présente une jeune fille.

» Au pied du groupe de figures, deux colombes se becquètent » amoureusement. La scène se passe dans un paysage tranquille et » harmonieux.

» Ce tableau, reproduit par le burin de E. Boisson, est un des » plus gracieux du maître. »

T. l. 54 cent., h. 64 cent.

RAOUX.

71. Intérieur d'appartement.

Dans l'embrasure d'une croisée ornée d'un bas-relief on voit une jeune et jolie femme endormie qu'un cavalier contemple avec plaisir.   T.

SENAVE.

72. La toilette d'une dame.

Une jeune dame entièrement nue passe une chemise, aidée par sa servante. Ces deux figures sont représentées dans une chambre à coucher près d'une table recouverte d'un riche tapis.

Tableau dans la manière de Terburch.   T.

SENAVE.

73. Atelier d'un peintre.

Assis devant son chevalet, l'artiste regarde une jeune femme nue qui lui sert de modèle ; derrière lui un troisième personnage paraît contempler avec plaisir les charmes de la jeune personne.
   B.

VALLIN.

74. Paysages.

Deux charmants petits tableaux, représentant, l'un une nymphe pinçant du luth, assise au pied d'un arbre ; l'autre, une nymphe tressant des fleurs dans la campagne.   B.

TABLEAUX PAR ET D'APRÈS DIFFÉRENTS MAITRES.

BOTH (d'Italie, d'après).

75. Grand paysage d'après celui qui est au musée du Louvre.

CARRACHE (Ecole des).

76. Sainte Madeleine au désert.

DOW (Attribué à Gérard).

77. Tête de vieille.
   B.

ÉCOLE D'ITALIE.

78. Tête d'apôtre.

ÉCOLE D'ITALIE.

79. Portrait d'une jeune fille.

ÉCOLE ESPAGNOLE.

80. Jeune garçon faisant des bulles de savon.

T.

ÉCOLE ESPAGNOLE.

81. Magistrat livrant un passeport à une femme.

B.

ÉCOLE FLAMANDE.

82. Grand paysage peint par un peintre belge.
Exposition du Louvre en 1843.

ÉCOLE FRANÇAISE.

83. Hercule domptant le taureau.

GREUSE (Genre de).

84. Le joueur de vielle.

Il se présente à la fenêtre d'une chambre dans laquelle une femme ayant deux enfants endormis sur elle lui fait signe avec le doigt de ne pas faire de bruit.

T.

GREUSE (Genre de).

85. Tête de jeune garçon.

T.

GREUSE (Attribué à).

86. Tête de jeune fille.

INCONNU.

87. Sainte-Famille.

JARDIN (D'après KAREL DU).

88. Savoyards dansant devant une auberge.

   T.

METZU (D'après).

89. La leçon de musique.

   B.

REMBRANDT (Genre de).

90. Jésus parmi les docteurs.

   B.

REMBRANDT (Genre de).

91. Tête de philosophe.

   B.

ROMEYN (Genre de).

92. Scène villageoise.

RUBENS (D'après).

93. Étude de trois enfants sur les nuages.

   T., ovale.

SASSO FERATO (Genre de).

94. Sainte-Famille.

   T.

VELDE (Imitation de GUILLAUME VAN DE).

95. Marine; mer calme.

   B.

VANDER NEER (Ecole de).

96. Marine ; effet de lune.

VERNET (Attribué à).

97. Marine ; mer calme.

WOUVERMANS (Genre de).

98. Paysage.

Sur le devant un cavalier et une dame à cheval suivis de deux chiens ; à gauche une voiture attelée de deux chevaux près des murs d'un parc.   B.

99. Sous ce numéro seront vendus les objets omis.

www.ingramcontent.com/pod-product-compliance
Lightning Source LLC
Chambersburg PA
CBHW030110230526
45471CB00003B/1349